आदाब अर्ज़ है

सुधन्वा

क्रम-सूची

प्रस्तावना

आदाबअर्ज़हैं

एक आम सी और रोज की IT जिंदगी से तलूक रखते हुए, एक शौक जो बचपन से था- ग़ज़ल सुनना |

ग़ज़ल को सुनते सुनते पढ़ने का रास्ता बना, पढ़ते पढ़ते सोचने का मौका मिला, और सोचते सोचते कुछ कविताएँ / नज़्म बन गई |

पूरी ईमानदारी से ये कबूल करना चाहूंगा के ये मेरी कविताएँ / नज़्म अभी अपरिपक्व हो सकती है, या शायद कुछ गलतियां भी हो, पर ये सारि मेरे अंदर की खोज और बाहरी नज़र के अनुभव से ही आइ है |

जो लुत्फ़ मुझे ये लिखते हुए मेहसूस हुआ था है उम्मीद और दुआ है वो आनंद आपको भी मिले |

Aadab Arz Hai

With the common background of regular job in one of the IT companies, I have childhood hobby of listening to Gazals.

Listening formed way to reading, reading paved path to thinking and from thinking evolved writing.

With all honesty my poetries and very immature with possibilities of some errors also, but they have come out from experiences of what I feel inside and what I see outside.

Happiness that I got while writing, I hope and pray you may also get same enjoyment. May you find few of colors of your life in this narration of mine.

1. चाय में चीनी थोड़ी कम है

दुनिया में सबसे निराला मेरा हमदम है
तबियत से जो सनम है
पर उसका एकहि ग़म है
कि चाय में चीनी थोड़ी कम है - १
उसको है पत्ता कि कितना सुहाना ये मौसम है
फूलों पे छायी हल्कीसी शबनम है
साथ में बैठा वो, जो उसका बलम है
पर उसका एकहि ग़म है
कि चाय में चीनी थोड़ी कम है - २
है यही दिली ख्वाहिश जो थोड़ी कम है
ले जाऊं उसको जो मेरा सनम है
दूँ उसको सारी खुशिया जो उसका करम है
और साथ में उसके सुनु जो उसका एहकी ग़म है
कि चाय में चीनी थोड़ी कम है - ३
उसको नहीं है पत्ता के कौन उसका बलम है
कितना सुहाना उसका वो कलम है
जो पूरी कर सकता है दुनिया में जो कम है
पर सनम उसका एहकी ग़म है
कि चाय में चीनी थोड़ी कम है - ४

❧❧❧

My Beloved is very different form everyone around
By heart she is a darling
But she has only one sorrow
That Sugar is bit less in the Tea -1
She knows how beautiful is this season outside
There is beautiful mist on flowers
Also her beloved is sitting with her
But she has only one sorrow
That Sugar is bit less in the Tea - 2
This is my Heartly desire which is not so big
To take her who is my beloved
Give her all the happiness that she deserves
Be with her and listen to her only sorrow
That Sugar is bit less in the Tea - 3
She (all humans) doesn't know who her Lover (God) is
How beautiful is his that pen
which call fulfill all the desires in the world
Still she has only one sorrow,
That Sugar is bit less in the Tea - 4

2. ये मेरे दिल का दर्द है जिसकी कोई दवा नहीं

मिल जाये जंहा मेरे सब जवाब ऐसे तो कोई किताब नहीं

ये मेरे दिल का दर्द है जिसकी कोई दवा नहीं

आते है कुछ खयाल बेफिक्र से जिनका सबब कभी समजा तो नहीं,

रहता तो हूँ मुस्कुराता वैसे मुस्कुराने की कोई वजह तो नहीं

पूंछता हूँ तो पूंछता है जमाना, क्या दिल में कुछ टूटा तो नहीं

शायद, शायद ये मेरे दिल का दर्द है जिसकी कोई दवा नहीं - १

बस्तियाँ तो है नज़रों में कई, है खयाल के सब वीरान तो नहीं

रोशनी भी है राहों में कई, है सभी अजनबी से, कोई अपना तो नहीं

पूंछता हूँ तो पूछती है ये राहे, क्या तेरा पता कोई दूसरा तो नहीं

शायद, शायद ये मेरे दिल का दर्द है जिसकी कोई दवा नहीं - २

गुजारी है यूँ जिंदगी बक़ाईदासी, जैसे जिंदगी कोई सजा तो नहीं

एक जाम से शुरू, एक जाम पे ख़त्म, ये शाम कंही तू मुझसे खफा तो नहीं

पूंछता हूँ तो पूछती है ये श्याम, कंही महफ़िल में तू तनहा तो नहीं

शायद, शायद ये मेरे दिल का दर्द है जिसकी कोई दवा नहीं

- ३

चलता तो रहता हूँ सेहरा में, गुजरे दीवारे कितनी पता तो नहीं

रुकना चाहा नहीं किसी दर पे, चाह कर भी किसीने रोका तो नहीं

पूंछता हूँ तो पूछती है ये सदा, कंही इस रंग से तू जुदा तो नहीं

शायद, शायद ये मेरे दिल का दर्द है जिसकी कोई दवा नहीं

- ४

होता है जिक्र अब ख़यालों में, इन ख़यालों से तू रूठा तो नहीं

करता नहीं इनकार इबादत से, पर बस है कुछ अल्फ़ाज़, कोई दुआ तो नहीं

पूंछता हूँ तो पूछता है ये दिल, क्या है वो कोई और, दिलरुबा तो नहीं

शायद, शायद ये मेरे दिल का दर्द है जिसकी कोई दवा नहीं

- ५

हूँ शायद में खुद से ही खफा, पर ये सवाल बस मेरा तो नहीं

है जो दर्द मेरे दिल का, ऐसाही कुछ एक एहसास तेरा तो नहीं

पूंछते हो तो सनम कहता हूँ तुमसे, है ये रिश्ता जिसे तू और में जुदा तो नहीं

हाँ ये अपने दिल का दर्द है, जिसे तू और में कभी जुदा तो नहीं - ६

❧❧❧

I don't find a single book where I can find all my answers
This is sorrow of my heart which has no medicine now
I get these thoughtless thoughts, have not understood
the reason for same
I keep on smiling in this world,
though there is no reason to smile -
I checked with the world around,
world is asking back - is something broken inside
your heart -1
May by, - May be this is pain of my heart
which has no medicine/ treatment/solution.

I can see lot of settlements around me,
but I think all of them are deserted
I see light on roads but no use as all the faces
are of strangers and no one who I know
I checked with the road (road of life)
road asked back - are you checking wrong
address -2

May be this is pain of my heart
which has no medicine/ treatment/solution.
My life has been spent (as per rules) in such a
monotonous way,
like my life is a kind of captivity
My evening starts with glass of wine and ends
with a glass of wine,
like this evening angry with me?
I checked with the evening (my life),
evening asked back - are you left alone in this
gathering -3
May be this is pain of my heart
which has no medicine/ treatment/solution
I keep on walking in this desert,
Lot of walls (relations) have passed back
I never felt to halt at some door,
even if I felt no one asked to me stop
When I checked with the time around,
time asked back- are you distinct from today's
color -4
May be this is pain of my heart
which has no medicine/ treatment/solution.
You (Beloved/God) are now remembered but only
in thoughts,
as you may be upset with me but not with my
thoughts
I don't disagree with prayers/adoration,

but now they are only few words and no blessing.
When I checked with my heart,
heart asked back - Is he your real beloved or someone else - 5
May be this is pain of my heart
which has no medicine/ treatment/solution.
Maybe I am angry on myself but am I alone
or someone else may have same question
Pain that I have in my heart,
do you also have similar feeling
If you checked with me my beloved, I would say
Yes this pain has bound us now and we cannot be separated
Yes!! Yes this is our pain and
we shall never be separated (from pain and each other) for ever

3. खिलते हुए गुल को खुशबू का बयाँ कहाँ चहिये

खिलते हुए गुल को खुशबू का बयाँ कहाँ चहिये
गर हो दिल में मोहोबत तो एलान-इ-जुबां कहां चहिये -१
जब हो तेरे अश्क़ मेरी आँखोंमे तो ख्वाब कहां चहिये
हो अगर तेरे ख्वाब मेरे दिल में तो अश्क़ कहां चहिये -२
बनालूं तेरी तस्वीर कुछ मेरे जैसी तो तू कहां चहिये
मिलजाए गर तू तेरे जैसी तू तस्वीर कहाँ चहिये -३
राहोंमे में चलते हुए तेरे हात कहां चहिये
हो अगर हमराह दिल में तो हमसफ़र कहाँ चहिये -४
है वो कुछ अजीबसे, जिन्हे हर दर्द की दवा चहिये -५
जब हो दर्द ही दिल में तो दवा कहाँ चहिये
खफा होनेको हमसे उन्हें वजह कहां चहिये
खामोश है वो उनको ख़ामोशी के मुदा चहिये -६
केहेते है वो के हर दिल को एक खुदा चहिये
हो अगर एक दिल और दिल में तो खुदा कहां चहिये -७
दर्द-इ-दिल को मेरे ज़माने से रजा कहां चहिये
हो अगर हात में कलम तो ये तमाशा कहाँ चहिये -८

Blooming flower every time would not
require proof from fragrance
If there is Love in my heart then I would not

require declaring tongue (Expressing Love openly) -1
If I have your tears in my eyes,
then do I require any dreams
If I have your dreams in my heart
then why would I require any tears (in my eyes) -2
If I make your picture (image) of you
in way I perceive, then do I require you
But if I meet you as you are then
why would I need your perceived image -3
While walking on roads do
I need your hand in my hand
If my fellow-traveler (Beloved/God) is in my heart
then why would I need anyone else to walk with me -4
These people are bit strange who wants
medicine (solution) for all their pain/problems
If my heart is full of pain
then do I (actually) need any medicine - 5
For beloved to get angry with me
she does not needs any reason
My beloved is silent and now as
she needs the reason to be silent - 6
They (world) demands
separate God for each heart (individual)
but if you have one heart more in

heart then would you have any need of God * -
7
For my sorrow/problems
I don't need any acceptance from the world
if I have pen in my hand
I don't need this play/acting - 8
* We have divided ourselves in many Gods
forgetting that love for fellow being is more
important that any religion

4. ऐसे इस बेमतलब दुनिया में क्या मेरा कोई नाम होगा

क्या होगी वो राह, जँहा मेरा कोई अपना होगा

क्या होगी वो मंज़िल, जँहा मेरा कोई पता होगा

जानता नहीं हूँ में, के ये होगा के ना होगा

ऐसे इस बेमतलब दुनिया में क्या मेरा कोई नाम होगा - १

ढलते हुए शाम पे, क्या कोई नया जाम होगा

कल के सेहर में कहाँ नया आसमान होगा

समझे है हम जिसको आज-तक, क्या कल वही ईमान होगा

ऐसे इस बेमतलब दुनिया में क्या मेरा कोई नाम होगा - २

इन संगदिल राहों में क्या उसका कोई काम होगा

टूटे-दिल के दीवाने का कहाँ कोई मक़ाम होगा

है जो आज मेहबूब, कल वही बदनम होगा

ऐसे इस बेमतलब दुनिया में क्या मेरा कोई नाम होगा - ३

आज है जो आफताब, कल वही गुमनाम होगा

रह जाएगी बस वरानियाँ, कहाँ कोई गुलफाम होगा

जब हो तन्हाई का सुरूर, शायद ही कोई सलाम होगा

ऐसे इस बेमतलब दुनिया में क्या मेरा कोई नाम होगा - ४

है इंतजार पर दीवारों से क्या कोई पैगाम होगा

ना होगी कोई वजह, पर दिल में बस इंतकाम होगा

नामुमकिनसा है ये आज, कल किस्सा- ए-आम होगा

ऐसे इस बेमतलब दुनिया में क्या मेरा कोई नाम होगा - ५

देखलो ये जँहा जो एक दिन फ़ना होगा
जब ना होगा कोई मुरीद तो कहाँ कोई इमाम होगा
जो भी है कुछ नामसा, कल वो बस बेनाम होगा
हो भला के यँहा आज मेरा ना कोई नाम होगा - ६

ऐसे इस बेमतलब दुनिया में कहाँ मेरा कोई नाम होगा
ऐसे इस बेमतलब दुनिया में कहाँ मेरा कोई नाम होगा

Is there any lane where in can find my kinds
Is there any destination with my address
I don't know if this will happen or not happen
In this meaningless world, will I ever have my
name recognized -1
Would ever there be a wine raised
for passing evening
Tomorrow's morning is not going to
bring any new sky
Whatever I thought as righteous today
will it be same tomorrow
In this meaningless world, will I ever have my
name recognized -2
Does He (God) has any work on these heartless
roads
There is no place here for person who's heart is

broken
One who is Sweetheart today tomorrow
he only will be infamous
In this meaningless world, will I ever have my
name recognized -3
Today one who is Sun, tomorrow will be
anonymous
what will be left is only desolation where there
will be color of rose
when only loneliness would prevail, no one will
be
left to welcome
In this meaningless world, will I ever have my
name recognized - 4
I am waiting but will never get message from
walls
There will not be any reason, but every
heart will cry for revenge
May look like impossible today but tomorrow this
will be common thing
In this meaningless world, will I ever have my
name recognized -5

Look at this world - which one day will be
destroyed totally
when there will not be any one to follow where
we shall have any religious leader

whatever in this world has a name will one day become nameless
OH Be good to me that here today I don't have my name - 6

5. क्या हम कभी याद नहीं आते

पूछते हो आप, क्या हम कभी याद नहीं आते,

क्या कहें पर सच के हम कभी भूल नहीं पाते - १

मिलते है जमानेसे मुस्कुराके जँहा कहीं से भी हम आते

पर है वो कुछ दिल की बात जो हम कभी कह नहीं पाते - २

रहते हे मसरूफ़ से जैसे के कुछ देख नहीं पाते

पर देखे तो क्या हम, जब आपको कंही देख नहीं पाते - ३

चल रहे हे यूँ नशे में के बस कहीं रुक नहीं पाते

बेहोशी में गए कई मंजिले जँहा से आप कभी दिख नहीं पाते - ४

शाम-ए-तन्हाई के सुकून में , जो आते तो बस आपके खयाल आते

जोशे वफाई के जूनून में मिलते हे बहुत पर आप जैसे कोई मिल नहीं पाते - ५

चलता हे वक्त, चलता हे उम्र और चलता हूँ मैं,

आए मंजर बे-निशान बहुत से, मिले हमराह हम-निशान बहुत से पर आप जैसे कोई मिल नहीं पाते - ६

तकाजा हे ये वक्त के गुजरे ज़माने कभी वापस नहीं आते

कहता हे ये दीवाना दिल, जो आप आते तो वो ज़माने भी आते - ७

जताता हे जमाना प्यार जैसे शायद हम कभी जाता नहीं पाते

पर केहेते हम प्यार जैसे ज़माने में कोई केह नहीं पाते- ८

❧❧❧

You keep on asking (me), do you every remember me
What should I say but truth, that I am not able to forget - 1
I meet everyone with smile may I be coming from anywhere
But I am not able to share with anyone
those feelings of my heart - 2
I am kind of busy as if I am not able to see anything around
Let me know what should I see, as I am
not able to see you around - 3
Have been walking intoxicated, like not able to pause anywhere
In this temperament, lots of destinations have passed from you would never be seen - 4
During lonely and peaceful evenings its only your thoughts come
Have met many under the influence if friendship but no one was like you - 5
As time moves, age moves and so do I
I found lot of beautiful places, peoples but no one was like you - 6

Rule of time is that once gone won't come back
But this my fool heart thinks if you come
past (good) time will also come -7
Probably I won't be able to express the love in
the way everyone else does
But way I call out love (for you) no one in this
world can do that -8

6. तूफान

आज आया एक तूफान, और बिखर गया सबकुछ जो मैंने था कभी संवारा ,

आज आया एक तूफान, और मै खुदसे ही फिर थोड़ा हारा

मेरे आंगन का वो फूल जिसे था मैंने ही कभी संवारा,

मेरे दिल का वो कोना जिसे छोड़ाथा तोड़ासा आवारा

मसरूफ जिन्दगीने देखने न दिया उसे कभी दुबारा,

आज आया एक तूफान, और मै खुदसे ही फिर थोड़ा हारा - १

मेरे घर का वो कोना जिसे था मैनेही कभी संवारा,

मेरा ही अपना साया जो था थोडस कवंरा

है कुछ ऐसीही बात, के वो अब मुझेही नहीं गवाँरा,

आज आया एक तूफान, और मै खुदसे ही फिर थोड़ा हारा - २

मरे ही घर की वो छत, जिसे था मैनेही कभी संवारा,

मेरा ही मै जो था मुझसे ज्यादा तुम्हारा,

अपनीही नज़रों में अब वो लगता है नाकारा,

आज आया एक तूफान, और मै खुदसे ही फिर थोड़ा हारा - ३

वो दिवारोंदर, वो छत, वो आंगन जिसमे था कभी मेरा बसेरा,

वो मै, वो मेरी नज़र, वो मेरा दिल जिसका था मुझे कभी सहारा,

उस रात के तूफान ने छोड़ दिए जैसे, हुआ हो कोई बटवारा,

उस रात की तूफान ने बनादिया मुझको भी एक बंजारा -४
आज आया एक तूफान, और बिखर गया सबकुछ जो मैंने
था कभी संवारा ,
आज आया एक तूफान, और मै खुदसे ही फिर थोड़ा हरा

❦ ❦ ❦

Today there was a storm and it destroyed
everything that I had preserved
Today there was a storm, and
I lost a bit with myself again
That rose from my garden, which I had grown
That Part of my heart I had left bit ill-disciplined
Busy daily life never allowed me to look at it
again
Today there was a storm, and I lost a bit with
myself again - 1
That corner of my home which I had cleaned
My own shadow which was still bit virgin
Now due to some reason I don't like it
Today there was a storm, and I lost a bit with
myself again - 2
That Terrace of house which was cleaned by my
That part of me which was more yours (heart)
Now has become useless in my own eyes
Today there was a storm, and I lost a bit with
myself again - 3

Those walls, terraces, garden where I dwelt then
That me, my thought, my heart used be my support then
last night storm left me like there was a partition
Last night storm again made me like nomad - 4
Today there was a storm and it destroyed everything that I had preserved
Today there was a storm, and I lost a bit with myself again

7. ऐ दोस्त कैसा है तू

ऐ दोस्त कैसा है तू

तेरे यँहा से जो हवा मेरे गाँव आती है

माँ कसम बड़ा माज़ा देती है

ये हवा सातमे चची के रोटियों की खुशबु लाई,

इस हवा में मैंने पतंग उड़ाई - १

ऐ दोस्त कैसा है तू

जो नेहेर मेरे यंहा से तेरे गावं आती है

कुछ बता क्या मेरी कोई कहानी सुनती है

जो कागज के नाव मैंने और रानी ने बहाये,

क्या वो तुम तक पहुँचती है - २

ऐ दोस्त कैसा है तू

क्या आज भी तेरे यंहा तीज का मेला होता है

जैसे हम कभी खेले थे क्या वो लकड़ीवाला झूला होता है

उस रात छत पे की थी कितनी वो बेमतलब सी बाते

इस साल भी लगे थे मेले, पर न थी वो अपनीवाली रातें -३

ऐ दोस्त कैसा है तू

सच बता क्या तेरे स्कूल भी मास्टर आता है,

जो कभी समझ में न आने वाली बातें सिखाता है

मास्टर बोला हम सब है भाई भाई,

तो बापू क्यों बोला के चाचू के साथ है लढाई - ४

ऐ दोस्त कैसा है तू
शायद बापू को पतंग पसंद नहीं और चाचू को नाव,
इसीलिए एक के बनादिए दो अलग अलग गांव
अब रोज रात को सुनिए आती है डरावनी अवांझे,
आज मैंने सुनी माँ की सिसकियाँ लेकिन बंद थी दरवाजे -५

ऐ दोस्त कैसा है तू
क्लासे बदली मास्टर बदले बदली कीतिनि मिट्टियाँ
पर कभी आई नहीं वो भूली बिसरि छुटियाँ
जब तेरे छत से में उड़ाताथा अपनी पतंग
और मेरे आंगन में खेल के हो जाते थे तुम दांग- ६

Oh My friend how are you
Wind that blows from your village to mine
I swear it brings lot of fun
This wind with it brought smell of bread baked
by aunty
I also flew kite in this wind - 1
Oh My friend how are you
Stream that flows from my village to yours
Does it tell any story from here
Paper boat that me and Rani had sent
Does it bring it to you-2
Oh My friend how are you
Do you have annual fare even today
Like we played then does it has wooden swing

That night we were doing so many useless talks
This year also we had fare but I missed our
nights -3
Oh My friend how are you
Be true is their teacher who coming to your
school
Who is teaching things that no one understand
Teacher said we all are brothers
Then why father said there is fight with uncle -4
Oh My friend how are you
May be father doesn't like kite, and uncle boat
So they made two different villages of one
Now daily night we here scary sounds
Today mother was crying behind closed doors -
5
Oh My friend how are you
Classes, Teachers, locations kept on changing
But never got those vacations
When I would fly kite from your house,
And you play in my garden - 6

8. आता जवाब - पता नहीं

जनता हूँ बहुत, पर है वो कुछ ऐसा जो पाता नहीं
चलता तो रेहता है ख़ुर्शीद पर मैं कुछ करता नहीं
ढलता तो है दिन मेरा पर वक्त कुछ कटता नहीं
मनसूबा हो कोई तकरीर का आता जवाब - पता नहीं - १
है अजब ये मोसमे हाल जो मैं कुछ जताता नहीं
शब-ओ-सेहर है ख़ामोशी का कोहरा, जो कभी जाता नहीं
सुनना तो चाहता हूँ बोहोतकुछ, पर ख़ामोशी में कुछ सुनता
नहीं
मनसूबा हो कोई तकरीर का आता जवाब - पता नहीं - २
जबान उनकी है वही, जो अबतक में भुला नहीं
फासले ऐसे भी नहीं के वो गुनगुने, और मैंने सुना नहीं
कहना चाहता हूँ में कुछ, पर मैं कुछ कहता नहीं
मनसूबा हो कोई तकरीर का आता जवाब - पता नहीं - ३
नज़रों के इशारे भी है, पर वो रकीब को और मुझे नहीं
करता हूँ नज़रों के सलाम, पर उनतक कोई जाता नहीं
बंद पलकों के उनके पैगाम भी, हुमतक कोई लता नहीं
मनसूबा हो कोई तकरीर का आता जवाब - पता नहीं - ४
है ये हमको यकीन, के शायद वो बेवफा नहीं
क्या हो कोई ऐसे बात, के शायद वो बोलता नहीं
होगा कुछ उसका ज़ख्म के शायद वो भरा नहीं
मनसूबा हो कोई तकरीर का आता जवाब - पता नहीं - ५
सामने रहें कई, पर मंज़िल कहाँ - पता नहीं

है जिंदगी में दर्द कई - पर दवा कहाँ - पता नहीं
आते है सवाल कही - पर जवाब कहाँ - पता नहीं
सजदा तो करना है - पर खुदा कहाँ - पता नहीं - ६

❧❧❧

I Know lot of things, but there are few things that I don't know
Sun keeps on moving, but I am not doing anything
My day is about to end but I feel it's difficult to pass the time
Whatever may be purpose of discussion, only answer I get - I don't know - 1
This is a strange situation, that I am not able to express anything
Day and night there is fog of silence which never goes away
Even I want to talk but due to this silence I am not able to talk anything
Whatever may be purpose of discussion, only answer I get - I don't know - 2
Language of my beloved is same, which I have not yet forgotten
Also we are not so far that I she would whisper and would not hear
Even I want to say something, but even I don't say anything

Whatever may be purpose of discussion, only answer I get - I don't know - 3

My Beloved (God) is making signs with eyes, but to my enemy and not me

Even I am trying to salute with my eyes but they don't reach my beloved

My Beloveds messages with her closed eyes, no one is able to bring it to me

Whatever may be purpose of discussion, only answer I get - I don't know - 4

I am sure that probably my beloved is not disloyal

Is there something that beloved is not expressing

Is there some wound (of my Beloved) which is not cured

Whatever may be purpose of discussion, only answer I get - I don't know - 5

There are many of ways - but where is destination - I don't know

There are many pains - but where is medicine - - I don't know

I get lots of questions - but where is answer - I don't know

I want to pray but where is God - I don't know - 6

9. आखरी जाम

भूला हूँ में शायद अपनी ही कहानी कल के शाम की,

होगी वजह कुछ और पर खता नहीं है उस आखरी जाम की
- १

थी खोबसूरतसी उसकी ज़ुबानी जो रहे गयी पीछे उस
मुस्कान की

था मुकमल पर दिल ने न सुनी बयानी अपने ही ईमान की
- २

तेरे इशारे ही थे काफी, क्या थी बात उसे जताने की

थे जो बस हम ही कायल अब है बात पुरे ज़माने की - ३

यूँ तो किये थे सजदे कई राहों में उनके आने की

जब ढल गई वो शाम तो बस रेहगाई एक झूठी उम्मीद हम
दीवाने की - ४

क्या होगा वो कोई और जो बनाले ये रहें खुद के नाम की,

तेरे दर की तलाश में जो खोजी थी कभी, अब न बची कुछ
मेरे काम की - ५

है जयझ वो अदा तेरी, जो मुझसे रूठ जाने की,

पर बतादे वो खता, के तू इन ख़्वाबों में ना आने की - ६

थी जब ये मेहफिल जवां, तो कमी ना थी यहाँ मैखानों की,

अब बचे है कुछ वीराने खण्डार, और एक बुझती शम्मा हम
परवानों की - ७

आज रुका हूँ उस मोड़ पे सनम जंहा परवा नहीं अब ज़माने
की

आज खोल दिए, बस वो कुछ पन्ने दिल के, एक बात ना

रही अब छुपाने की- ८

10. आज फिर नींद नहीं आती

आज शाम फिर तनहा लॉट जाती

डूबते सूरज के साथ वो उम्मीद फिर टूट जाती

मगरूर सी ये रात ना कोई राज बताती

आज फिर हामे नींद नहीं आती -१

आँसुओं की नेहेर आँखों में फिर वंही जमजती

फिर वही बात आकर जुबांपे अधूरी रेह जाती

होठों की हसी एकबार फिर होठों में खो जाती

आज फिर हामे नींद नहीं आती -२

हो सेहर तो जमाना फिर वही तमाशा दिखाती

हो जब तक जाम तो नजर फिर रंगीन हो जाती

आ जाये जब होश तो फिर अपनी ही मेहफ़िल रेह जाती

आज फिर हामे नींद नहीं आती -३

देखूँ जो आईना फिर वही तसवीर नज़र आती

ना देखूँ जो कुछ नज़रों में फिर वही समाती

है जलवा उसका चार-सु, फिर वही बात हो जाती

आज फिर हामे नींद नहीं आती -४

आज फिर दिल में एक बेकरारी सी रह जाती

शाम-ऐ-तन्हाई में फिर एक खुमारी सी रह जाती

हो अगर सनम तो फिर याद तुम्हारी आ जाती

आज फिर हामे नींद नहीं आती -५

Today evening again turned out to be lonely
With setting Sun that hope is again lost
This arrogant night again is not telling any secrets
Today again I am not feeling sleepy - 1
Flow of tears again got freezed in eyes
Again same thought came but could not be spoken
Smile between the lips again got lost in lips only
Today again I am not feeling sleepy -2
With every dawn world again show same drama
Till I hold wine (glass) again this world looks colorful
When I come back to my senses again, I am left alone in gathering
Today again I am not feeling sleepy - 3
When I look in mirror, I again see His image
When I close my eyes again same image is filled inside
It's His magic all around - again same thing is spoken
Today again I am not feeling sleepy - 4
Today again there is discomfort in my heart
This lonely evening again leaves with intoxication
If you are beloved then again, I remember you
Today again I am not feeling sleepy - 5

शुक्रिया

आपके इस हौसला-अफ़ज़ाई के लिए में आपको दिल से शुक्रिया करता हूँ

और ये उम्मीद करता हूँ के आपको ये नज़्म कुछ पसंद आए होंगे।

एक दरखास्त है जो आपसे करना चाहता हूँ, आप कि जो भी राय, प्रतिक्रिया होगी वो मेरे Facebook या Instagram पेज पर जेक दे सकते हो।

एक वादा के सात इजाजत चाहता हूँ के आपसे कुछ सीखकर , कुछ प्यार पाकर,

जल्दी ही आप के खिदमत में फिर हाज़िर हूँगा।

Facebook - sudhanwa mannur

Instagram - sudhaanwa

Thank You

I would like to express my gratitude for all your love and encouragement and would like to believe that you also would have liked few of my poems.

Would like to make a request with you to share your opinion and feedback on my Facebook or Instagram page.

Would request to take your leave with one assurance that with your feedback and love, I shall return soon for your service.

Facebook - sudhanwa mannur

Instagram - sudhaanwa

www.ingramcontent.com/pod-product-compliance
Lightning Source LLC
Chambersburg PA
CBHW021151130726
47988CB00004B/1562